48847776R00113

Made in the USA
Middletown, DE
16 June 2019